Piet van Dyke

Jenseits der Horizonte

Lyrics

*Kein Erfolg ist wie das Scheitern,
und das Scheitern ist noch kein Erfolg.
(Bob Dylan)*

Piet van Dyke

Jenseits der Horizonte

Lyrics

Bibliografische Information der Deutschen National-bibliothek:
Die Deutsche Nationalbibliothek verzeichnet diese Publikation in der Deutschen Nationalbibliografie; detaillierte bibliografische Daten sind im Internet über http://dnb.dnb.de abrufbar.

© *2014 Piet van Dyke*

Herstellung und Verlag: BoD – Books on Demand, Norderstedt

ISBN: 978-3-7347-3093-1

Ich saß auf einem Steine

Was soll ich werden auf dieser Welt?
fragte den König der Troubadour
als er auf einem Steine saß,
eine Hand hielt den Ellbogen
die andere sein Kinn.

Was soll ich tun und wohin soll ich gehn?
Welche Zeichen kann ich nicht mehr sehn?
Welche Sterne leuchten mir in meiner Dunkelheit?
Wohin führt der Weg mich von hier?

Der König war Herrscher des Nirgendwo
seine Krone mit dem Lichterglanz, sie konnte nur der Sänger sehn
und der war blind und was er sah, war nicht von dieser Welt.

Mein König ich singe und schlage dazu das Tamburin,
ich brachte uns so durch manch finstere Nacht.
So vergaßen wir manches Mal, wohin und woher
bis ein neuer Tag kam und uns erwärmte mit neuer Kraft.

Nichts ist geblieben, kein Reich hat Bestand.
Mene mene tekel, die Schrift dort an der Wand,
geschrieben von einer glühenden Hand.
Alles, was geworden ist, wird wieder vergehn.

Und so geh ich fort mit dir, folge nur dir, mein König,
groß ist dein Reich und die Zahl deiner Untertanen nicht.
Nur ein blinder Sänger mit seinem Tamburin,
der nicht weiß woher und wohin.

Kommt her! Ich singe und schlage das Tamburin
vertreib uns Kälte und Finsternis.
Ich wärme uns mit der Zuversicht meiner Verse
und vertreibe die Dämonen der Dunkelheit.

Jenseits der Horizonte[1]

I.
Jenseits der Horizonte, hinter dem Sonnenstern
dort, wo Regenbogen enden, und wo alles begann.
In den Stunden des Zwielichts, unter dem Sternenstaub
Jenseits der Horizonte, ist der Liebe alles erlaubt.

Mich berührte die Sehnsucht,
Durfte sie das denn nicht?
Bin Feuer und Flamme,
Dreh mich nur noch um dich.

Jenseits der Horizonte, im Frühling oder im
Herbst
Dort wartet die Liebe für immer und es gibt weder Kummer noch Schmerz.

II.
Jenseits der Horizonte, über dem Zenit,
Werden wir um die Mitternacht auf derselben
Seite stehn.
Dort unten in dem Tale, fließt das Wasser so
kühl.
Jenseits der Horizonte, kämpft jemand um sein
Gefühl.

---

[1] Nach: Bob Dylan, Beyond The Horizon, 2006.

Mein gebrochenes Herz pocht noch.
Ich spür eines Engels Kuss.
Meine Erinnerungen verschwimmen
in Todesglückseligkeit.
Jenseits der Horizonte, am Ende des Spiels,
Gehe ich jeden deiner Schritte, im Gleichklang
mit dir.

III.
Jenseits der Horizonte unter dem Morgenrot,
Dorthin, wo die Sonnen aufgehn, folgen meine
Augen dir.
Durch Länder und Königreiche und durch Tempel aus Stein.
Jenseits der Horizonte, bis durch Mark und Bein.

Ich flehte vergeblich,
Es ist dunkel und trist.
Es gibt immer viele Gründe,
Aber Leben ist das nicht.

Jenseits der Horizonte, ist der Himmel so blau.
Ich habe mehr als ein Leben, um es zu lieben mit
dir.

Komm her, Marie

1.
Komm her, Marie, komm her mein Kind,
mein Bauch ist hart, er drückt und schreit.

Komm her, Marie, der Horizont
ist immer noch am Horizont.

Fleischlose Gräten recken sich
zum blaugegrauten Wasserdampf.

Komm her mon cher, petite Marie,
für dieses allerletzte Glas.

Komm her mein Kind, mon cher petite,
ich möchte saugen, lutschen, schrein.

Wie weggespuckt auf den Asphalt,
so frei bin ich, so frei, Marie.

Ob ich die Miete zahlen kann
und auch das Frühstück morgen früh.

Herrje, mon cher, wir haben doch
das Glas noch voll, so voll das Glas.

Komm her, Marie, und uns vor uns,
was morgen ist, wird morgen sein,
komm her, Marie, und uns vor uns,
wenn morgen eine Sonne scheint.

2.
Mein Bauch ist hart, er drückt und schreit,
herrje, mon cher, wir haben doch.

Das Glas noch voll, so voll das Glas,
komm her, Marie, komm her mein Kind.

Komm her, Marie, der Horizont,
und auch das Frühstück morgen früh.

Ob ich die Miete zahlen kann,
ist immer noch am Horizont.

Fleischlose Gräte recken sich,
so frei bin ich, so frei, Marie.

Wie weggespuckt auf den Asphalt,
zum blaugegrauten Wasserdampf.

Für dieses allerletzte Glas,
komm her mein Kind, mon cher petite.

Ich möchte saugen, lutschen, schrein.
Komm her, mon cher, petite Marie.

Komm her, Marie, und uns vor uns,
was morgen ist, wird morgen sein,
komm her, Marie, und uns vor uns,
wenn morgen eine Sonne scheint.

3.
Ob ich die Miete zahlen kann,
das Glas noch voll, so voll das Glas.

Wie weggespuckt auf den Asphalt
und auch das Frühstück morgen früh.

Herrje, mon cher, wir haben doch,
so frei bin ich, so frei, Marie.

Ich möchte saugen, lutschen schrein
zum blaugegrauten Wasserdampf.

Komm her, Marie, komm her mein Kind,
fleischlose Gräten recken sich.

Komm her mon cher, petite Marie,
ist immer noch am Horizont.

Für dieses allerletzte Glas,
komm her, mein Kind, mon cher petite.

Komm her, Marie, der Horizont,
mein Bauch ist hart, er drückt und schreit.

Komm her, Marie, und uns vor uns,
was morgen ist, wird morgen sein,
komm her, Marie, und uns vor uns,
wenn morgen eine Sonne scheint.

Es ist aus und vorbei[2]

I.
Du musst gehn, nimm was du brauchst, den Kopf halt klar
Und was auch immer du nimmst, nimm es dir schnell
Unten wartet als Waise schon dein Sohn
Den Colt in der Hand mit scharfer Munition
Pass höllisch auf, die Heiligen sind wieder los
Es ist aus und vorbei, glaube mir

II.
Die Straße ist für Spieler, denk doch mit deinem eigenen Kopf
Nimm all das mit, was der Zufall dir gegeben hat
Der handlose Maler vor deinem Haus
malt verrückte Muster auf dem Pflaster aus
Der Himmel faltet und wölbt sich über dir
es ist aus und vorbei, glaube mir

III.
All die seekranken Seebären rudern nach Haus
Auch die Rentiere traben zu ihren Ställen hinaus
Und der Liebhaber, der abgehauen ist
hat all die weißen Laken aus dem Flur stibitzt
Der Teppich unter dir fängt an zu schweben

---

[2] Nach: Bob Dylan, It's All Over Now, Baby Blue, 1965.

Es ist aus und vorbei, glaube mir

IV.
Lass die tanzenden Steine zurück, etwas ruft nach dir
Vergiss die verlassenen Toten, die kommen nicht mit mit dir
Und der Hausierer, der an deine Türe klopft
trägt deinem alten Anzug und hat deinen Hut auf seinem Kopf
Mach ein andres Feuer an, beginn noch einmal neu
Es ist aus und vorbei, Piet van Dyke

Piet van Dyke

Gezeugt am Ufer der Isar
in München im Jahr der Kommune.
Der Traum war kurz, der Gräber viele.
Maria kehrte zurück an den Rhein,
und Karl floh ins Herz der Revolution.

Maria brachte ihr Kind auf die Welt,
von Karl hat sie nie mehr gehört.
Den Sohn nannte sie Josef,
doch ihr Herz war leer,
und als sie starb, war er gerade mal zehn.

Für Josef ging es dann hoch hinaus,
versprochen waren 1000 Jahr.
Er flog über dem Himmel von Berlin
bis ihn dort eine Kugel traf.
Derweil kehrte auf der Seite der Sieger sein Vater
heim.

Jetzt war Karl bei den Siegern,
von seinem Sohn wusste er nichts.
Nichts von Josef dem abgestürzten Flieger,
der begonnen hatte einen neuen Traum zu träumen vom Paradies
und deshalb zurückging zu den Zechen am Rhein.

Karl war ganz oben, die Partei nährte ihn gut.
Sie war seine Mutter und

doch sie war launisch, war wie ein zänkisches
Weib.
Sie nahm mehr als sie gab
und fraß auch die eigenen Kinder.

Das gefräßige Biest griff auch nach Josef,
die Falle war schon aufgestellt.
Josefs Kopf konnte es nicht fassen,
doch sein Herz gab Fersengeld:
Nur raus! Nur weg in die Freiheit!

Dem eigenen Sohn will man all das ersparen,
will ihn schützen vor jeglichem Ungemach.
Josef gab ihn den Padres, die sollten ihn behüten,
seine Seele und seinen Verstand.
Doch für das Orakel ist keine Dornenhecke zu
hoch.

Piet hieß der Junge, doch auch er wurde süchtig
durch die Träume vom Paradies.
Das wollte er haben, auf die Erde holen
Mit offenen Armen nahmen sie ihn auf.
Dem Vater versagte die Stimme bevor er starb.

Und nun stehe ich hier am Grabe Josefs, meines
Vaters,
der vor Jahren sprachlos verstarb.
Ich bin es, Piet, dein Sohn,
der Enkel von Maria und Karl.
Ich stehe hier, wie es das Schicksal befahl.

Damit du meine Liebe spürst[3]

1.
Wenn der Regen dein Gesicht zerreißt
und du einfach nicht mehr weiter weißt
umarmt mein strahlendes Lachen dich
so dass du meine Liebe spürst

2.
Wenn der Abend seine Schatten schickt
und niemand dir das Loch zu deinen Tränen flickt
kann ich dir Trost und Tröster sein
so dass du meine Liebe spürst

3.
Ich weiß du bist dazu noch nicht bereit
doch warte ab, ich habe Zeit
Ich wusste gleich als ich dein Lachen sah
zu wem du ab jetzt gehörst

4.
Mein Bauch ist hart, ich fühl mich krank und schwer
kann nicht mehr gehn, kriech nur noch vor mir her
häng wie ein Fisch an deinem Haken fest
und zappel nun und schnapp nach Luft

---

[3] Nach: Bob Dylan, Make You Feel My Love, 1997.

5.
Die Stürme toben auf der rauen See
und wühlen Kopf und Seelen auf
Die wilden Winde wehen frisch und frei
dich wird keiner mehr so sehn wie ich

6.
Ich mach dich lachen, kann in deine Träume sehn
Ich kann zaubern, lass all das nur für dich geschehn
Ich geh bis ins Ende deiner Welt für dich
wo du dann meine Liebe spürst.

7.
Die Stürme toben auf der rauen See
und wühlen Kopf und Seelen um
Die wilden Winde wehen frisch und frei
dich wird keiner mehr so ansehn wie ich

Dieser Traum von dir[4]

I.
Wie lang bleib ich hier, in der Spelunke am Pier
bevor die Nacht zum Tage wird?
Warum nur fürchte ich mich so vor dem Morgenrot?

Was ich auch hab und was ich auch weiß,
ist dieser Traum von dir,
der mich weiterleben lässt.

II.
Es gibt den Moment, wenn nochmal alles neu
wird für uns.
Aber dieser Moment kam und ging vorbei.

Was ich auch hab und was ich auch weiß,
ist dieser Traum von dir,
der mich weiterleben lässt.

Ich schaue weg, doch ich sehe es noch
ich will es nicht glauben, aber ich glaube es noch
Schatten tanzen an der Wand
Schatten, die alles wissen von uns.

III.
Ich bin zu blind zu sehn, mein Herz spielt Spielchen mit mir

---

[4] Nach: Bob Dylan, This Dream Of You, 2009.

In der Masse verloren, alle Tränen dahin.

Was ich auch hab und was ich auch weiß,
ist dieser Traum von dir,
der mich weiterleben lässt.

Alles was ich anfass, verschwindet von mir
Wo ich mich auch hin dreh, du bist schon hier
Ich renn dieses Rennen bis zum irdischen Tod
Ich kämpf für diesen Platz bis zum letzten Atemzug.

IV.
Aus einem trostlosen Raum sah ich
einen Stern, der vom Himmel fiel.
Ich drehte mich um, sah nochmal hin, doch er war fort.

Was ich auch hab und was ich auch weiß,
ist dieser Traum von dir,
der mich weiterleben lässt.

An Bobby

I.
In meinem Kopf sind nur deine Lieder
deine Verse und dein Klang,
und deine Stimme singt zu mir.
Du sprichst ja nie, und ich
ich stehe unter Einfluss,
schlafwandle mit dir durch die Welt.
Du weißt: nur die Lieder sprechen zueinander,
wir sind nur das Instrument,
das Werkzeug, das Worte und Töne
und lautes Wimmern produziert.

II.
In meinem Kopf wimmert dein Sound,
in meinem Herzen schmerzt eine alte Liebe.
Sie ist dahin, sie ist erloschen,
jetzt glimmt die Flamme nicht einmal mehr.
Mit deinen Versen versuch ich sie zu fassen,
in meinem Kopf klingt es nach dir.
Und nun rinnt sie aus, Eiter fließt,
erlischt wie ein Leben.
Leih mir deine Stimme, damit ich davon schreien
kann.
Schmerz schmerzt.
Die Vergangenheit ist bei uns und vergeht nicht
mehr,
verschwindet nicht mehr aus dem Kopf und dem
Herzen.

III.
Das Burgfräulein steht da
auf den Zinnen
einsam frierend in ihrem Ordensgewand.
Ach, wessen Braut wird sie sein?
Für wen spart sie sich auf und ihre vertrocknenden Früchte?
Hart wie Ebenholz,
kalt wie der Schnee
und blutig ihr Mund von dem pochenden Herz,
das sie gedankenlos zerbissen
mit ihren Zähnen spitz und scharf.

IV.
Leih mir deine Worte, Troubadour,
und dein Tamburin. Narr,
sieh zu mir herunter von deinem Wächterturm,
leih mir zwei, drei Gedanken,
einen Rhythmus und eine Melodei
und sag, dass es aus ist und vorbei.

Tamburin Mann[5]

Hey, hey, Tamburin Mann, spiel etwas für mich
Kann nicht schlafen und ich hab auch kein Zuhause
Hey, hey, Tamburin Mann, spiel ein Lied für mich
Bring mich durch diese Nacht zum neuen Morgenlicht

1.
Ich weiß die Macht der Dunkelheit ist zurückgekehrt in den Sand
Des Stundenglases meiner Hand, die Zeit rinnt mir davon
Jetzt stehe ich hier und weiß nicht aus noch weiter
Die Angst verbrennt mir meine Füße, kein Mensch zu dem ich kann
Und die alten Straßen sind zu tot zum träumen

Hey, hey, Tamburin Mann, spiel etwas für mich
Kann nicht schlafen und ich hab auch kein Zuhause
Hey, hey, Tamburin Mann, spiel dies Lied für mich
Bring mich durch diese Nacht zum neuen Morgenlicht

---

[5] Nach: Bob Dylan, Mr. Tambourine Man, 1964.

2.
Nimm mich mit in deinem Zauberschiff, mein Verstand der ist dahin
Kann nicht mehr begreifen und meine Hände nichts mehr fassen
Die Zehn zu taub zu gehen, warte auf die Siebenmeilenstiefel
Ich bin bereit, sonst wo hinzugehn oder langsam zu vergehn
Bin bereit, mir in die eigene Parade zu fahren

Hey, hey, Tamburin Mann, spiel etwas für mich
Kann nicht schlafen und ich hab auch kein Zuhause
Hey, hey Tamburin Mann, spiel dies Lied für mich
Bring mich durch diese Nacht zum neuen Morgenlicht

3.
Dann lass uns doch verschwinden durch den Rauch aus meinem Kopf
Durch das Verderben dieser Zeit, die frierende Einsamkeit
Durch den dunklen düstren Wald, heraus zum hellen Strand
Weit weg von all den verrückten Sorgen
Ja, dort tanz ich unterm Himmelszelt, die eine Hand weht frei
Erleuchtet durch das Meer, im Sandkreis der Manege

Vom Schicksal getrieben, bis an die höchste Welle ran
Lass uns das Heut vergessen bis zum Morgen

Hey, hey, Tamburin Mann, spiel etwas für mich
Kann nicht schlafen und ich hab auch kein Zuhause
Hey, hey Tamburin Mann, spiel dies Lied für mich
Bring mich durch diese Nacht zum neuen Morgenlicht

Süße Marie[6]

I.
Deine Grenzen kann ich nicht überwinden
und manchmal ist es schwer, das einzusehn.
Ich sitze hier, hau auf meine Trompete,
vollgepumpt mit all den Versprechungen von dir.
Aber wo bist du heut Nacht, süße Marie?

II.
Sechs weiße Pferde hattest du versprochen
in meine Zelle hast du sie gebracht.
Gesetzlos kann nur sein, wer versteht den Schein zu wahren.
Und da hast du mir doch immer zugestimmt.
Aber wo bist du heute Nacht, süße Marie?

---

[6] Nach: Bob Dylan, Absolutely Sweet Marie, 1966.

III.
Ich habe das Fieber in meinen Taschen,
und Hafes der Trunkenbold, ist auch bei mir.
Mit ihm komm ich zu dir, doch dein Tor bleibt verschlossen.
Die Dornenhecke ist zu hoch und auch zu dicht.
Und wo bist du heut Nacht, süße Marie?

Kalt

Kalt wie eine Hundeschnauze
Gefühl-, ja reglos
warst du,
als ich dich fickte.
Und hörte dein Stöhnen
und das war
wie das Quieken eines Ferkels
ein kindlicher Spaß.
Verdorrte Lust.
Manchmal gibt es das:
Frucht, die noch am Baum verdorrt
nie richtig ausgewachsen
zur reifen, süßen Frucht.
Ohne Sommer und Herbst
geht es direkt in den Winter.
Von der jungen sauren Frucht zum faden Dörr-
obst
ohne Geschmack.

Meine Rückseiten[7]

I.
Blutrote Fahnen flatterten,
aus meinem Kopf heraus.
Niedergestoßen auf brennenden Straßen,
bewegte mich nach fremden Ideen.
„Wir werden schon bald am Abgrund stehn",
sprach ich stolz mit glühender Stirn.

Und das war als ich noch so viel älter war,
viel jünger bin ich jetzt.

II.
Zur Hälfte geplagt von Vorurteilen.
„Zerstört all den Hass!" schrie ich laut.
Ich log mir das Leben in schwarz und weiß,
sprach aus ner Muschel heraus.
Und träumte von den Musketieren,
Geschichten tief vergraben irgendwo.

Und das war als ich noch so viel älter war,
viel jünger bin ich jetzt.

III.
Eines selbst ernannten Professoren Zunge
zu gewichtig um im Irrtum zu sein.
Gab von sich, dass die Freiheit
die Gleichheit in der Schule sei.

---

[7] Nach: Bob Dylan, My Back Pages, 1964.

Das Wort „Gleichheit" ich sprach es aus
wie man ein Ehegelübde spricht.

Und das war als ich noch so viel älter war,
viel jünger bin ich jetzt.

IV.
In der Pose des Kämpfers zeigte meine Hand
auf die Hunde, die Lehren erteilen.
Die hatten keine Angst vor mir,
wenn ich von der Kanzel sprach.
Geführt von Schiffen ohne Kurs,
Meuterei vom Heck bis hin zum Bug.

Und das war als ich noch so viel älter war,
viel jünger bin ich jetzt.

V.
Meine Wächter standen bedrohlich fest
zu edel, um sie zu übersehn.
Hinterging und täuschte mich im Denken,
ich hatte etwas zu verliern.
Gut und schlecht, ich legte das fest,
sehr klar, ohne Zweifel, irgendwie.

Und das war als ich noch so viel älter war,
viel jünger bin ich jetzt.

Als der Krieg vorbei war

Der Krieg war vorbei als die Mauern fielen
Soldat einer besiegten Armee
In der Uniform der Lüge und der Niedertracht
Hattest im Hinterland als Partisan der Worte
mitgeholfen, ihnen ihre Überzeugungen zu nehmen und ihren Stolz

Dann schlichst du dich heimlich fort, gingst von der Fahne,
verwundet, verletzt, auf der Hut, auf der Flucht
Hattest die Uniform ausgezogen,
als du wusstest, du hattest die falsche Seite gewählt
Lebtest verborgen, versteckt, im Halbschatten
und immer auf der Lauer
Auf der Hut vor dem Feind und vor allem: den eigenen Freunden

Und dann war es Mai im November und der Krieg war endlich vorbei
und der Vorhang der Lügen zerriss
Das Reich, das seine Kraft aus den Hoffnungen so vieler gesogen hatte,
hatte ihre Seelen leergesaugt

Nun kehrtest du heim, kehrtest zurück in dein Vaterhaus,
nach Hause in dein Mutterland

Doch keiner war da, kein Lamm, kein Braten, kein Jubelfest
Nur zwei Gräber auf denen in Stein gemeißelt stand:

Wir hatten einst einen Sohn,
er war unsere Zukunft, unsere ganze Hoffnung
Sie haben ihn uns genommen
Wenn ihr ihm begegnet, dann erbarmet euch seiner
Kyrie eleison!
Erbarmet euch!

Ich spür ne Änderung kommen[8]

1.
Wenn ich also die Welt so betrachte
Seh ich nach Osten ganz weit
Und ich seh meine Liebste kommen
Spaziert mit dem Pfarrer vorbei

Ich spür ne Änderung kommen
Und der letzte Teil des Tages ist schon vorbei

2.
Wir haben so viel gemeinsam
Wir haben doch das gleiche Ziel
Und ich kanns nicht erwarten
Bis wir endlich zusammen sind

Ich spür ne Änderung kommen
Und der vierte Teil des Tages ist schon vorbei

3. Das Leben ist für die Liebe
Und man sagt die Liebe ist blind
Wenn du einfach leben willst
Dann pack deine Sachen zu mir

Ich spür ne Änderung kommen
Und der vierte Teil des Tages ist schon vorbei

---

[8] Nach: Bob Dylan und Robert Hunter, I Feel A Change Comin' On, 2009.

Was nutzen schon Träume
Du hast Besseres zu tun
Sie nutzen rein gar nichts
Selbst wenn sie wahr geworden sind

4.
Du bist so nuttig wie noch nie
Baby, Du kannst ein Feuer entfachen
Ich verliere meinen Verstand
Dich will ich haben nur dich

Ich spür ne Änderung kommen
Und der vierte Teil des Tages ist schon vorbei

Ich hörte schon Elvis und Frankie Boy
Und auch Leonard fand ich ganz gut
Doch es stimm was manche Leute sagen
In deiner Stimme liegt des ganzen Landes Blut

5.
Alle kriegen all die Kohle
Und all die schönen Kleider dazu
Bekommen all die bunten Blumen
Nur ich krieg nicht mal ne Rose davon

Ich spür ne Änderung kommen
Und der vierte Teil des Tages ist schon vorbei

Der Apfel

Ich hab die Welt
mir anders vorgestellt,
und sie so vollgestellt,
dass nichts mehr passt
und Maß und Ziele
verloren aus den Augen.
Im Blick der Augen
war die Welt
wie aus dem Ei gepellt,
ein großer Apfel
in der Hand der Sünde,
die der Schlange schöne Augen macht.
Und beide verzehren sich in diesem Apfel,
verzehren sich und diesen Apfel,
der nicht mehr ist.
Es bleiben nur die Sünde und die Schlange
vereint: Genuss und Gier.

Mann des Friedens[9]

1.
Guck dort aus deinem Fenster, sieh was dort passiert
Eine Band spielt Protestsongs, ein Mann reckt den rechten Arm
Könnte der Führer sein
Oder der Priester von hier
Du weißt manchmal kommt Luzifer als Friedensfreund daher

2.
Er hat das Talent der Rede und die flinke Zunge dazu
Er kennt jedes Lied der Liebe, das je gesungen ward
Gute Absichten können töten
Und beide Hände schmierig sein
Du weißt manchmal kommt Satan als Friedensfürst vorbei

3.
Zuerst bleibt er im Hintergrund, dann geht er vorne weg
Er hat zwei scharfe Augen wie sie ein Jäger hat
Durchschauen kann ihn niemand
Nicht mal der Chef der Psycholei

---

[9] Nach: Bob Dylan, Man of Peace, 1983.

Du weißt manchmal fliegt Luzifer als Friedenstaube vorbei

4.
Er ist der Freund der Menschen, ein großer Philanthrop
Er weiß, wo er dich berühren muss und wie du geküsst werden willst
Er breitet beide Arme um dich
Du kannst die Nähe der Bestie spürn
Du weißt manchmal kommt Satan als Mann des Friedens daher

Kurz nach Mittnacht[10]

I.
Um dich zu preisen, such ich nach Versen
Ich muss es jetzt erzähln
Es ist kurz nach Mittnacht und mein Tag fängt gerade erst an

II.
Ich nannte sie Liebling, sie nahm mein Geld weg und dann ging sie fort
Es ist kurz nach Mittnacht und in meinen Augen scheint der Mond

Mein Herz ist heiter, bin meine Angst los
Ich lag unten auf dem Todesbretterstoß
Ich bin nicht in Eile und deine Wut schreckt mich nicht
Ich hab ganz andern Mauern getrotzt als deinen

III.
Charlott ist ne Metze, steht dort in Scharlachrot
Maria steht dort in Grün
Es ist kurz nach Mittnacht und ich treff die Feenkönigin

Sie zwitschern und plappern, was solls schon machen
sie liegen sterbend in ihrem Blut

---

[10] Nach: Bob Dylan, Soon After Midnight, 2012.

Er hatte ne andre, habt ihr gehört davon?
Ich schleppte seine Leiche durch den Schlamm

IV.
Jetzt oder nie mehr, mehr denn je her
Als ich dich traf dachte ich nicht, dass du es tust
Es ist kurz nach Mittnacht und ich möchte nur noch dich

Agnus Mundi

I.
Allein, ohne Richtung,
ohne Halt und ohne Ziel,
ohne Haus und Heim und ohne Papier.
Ohne Schlüssel, ohne Vase,
ohne Blumen in der Hand
und ohne ein Lächeln im Gesicht.
Kalt wie ein Fisch und
hart wie ein Brett
ohne Sinn und ohne Gefühl.
Kein Kuss, keine Berührung.
Du lügst, wenn du sprichst.
Die Erde bebt und du tust,
als ob nichts wär.
Die Erde bebt,
der Berg stürzt ein,
und du tust,
als ob nichts wär.
Der Schotter begräbt dich,
Kieselsteine treffen dich schwer,
und du tust
als ob nichts wär.
Du hast aufgehört zu leben,
hart wie Leder ist deine Haut,
deine Lust ist nicht vergraben auch nicht verschüttet,
sie ist einfach nur fort.

II.
Und du?
Wohin ist das Leuchten aus deinen Augen?
Dein Blick ist ohne Gefühl.
Nichts lebt, nicht mal die Trunkenheit weckt deine Lust.
Worauf wartest du noch?
Wozu beschwor ich Hoffnung vor so langer Zeit,
als deine Brüste noch rund und saftig waren
und auch all das andere prall und schön?
Und jetzt? Haut und Knochen, hart und kalt.
Nicht mal ein Fick mit meinem harten Pint
weckte deine Lust.
Sie schläft nicht, sie ist erloschen
wie das Licht einer Leuchte
deren Faden verglüht ist.

III.
Dornröschen, hinter der Hecke,
Dornröschen, hinter den Bergen,
Dornröschen, hinter der Mauer,
Hast dich verkrochen,
versteckt vor dir selbst.
Dein Nonnenkostüm ist von anderer Art,
du bist die Braut der leidenden Welt,
doch die schert sich um dich einen Dreck.
Ihr bist du egal!
Das Leid der Welt löscht dir dein Licht
und suchst sich das nächste Opfer.
Agnus Dei
Agnus Mundi

Das Ende ist es nicht[11]

1.
Wenn Du traurig bist und einsam
und hast keine Freunde mehr
dann bedenke, das Ende ist es nicht.
Wenn all das, was die heilig war,
in den Dreck gefallen ist,
dann bedenke, das Ende ist es nicht.
Nicht das Ende, nicht das Ende,
dann bedenke, das Ende ist es nicht.

2.
Wenn Du an der großen Kreuzung stehst
und nicht mehr weißt wos weitergeht
dann bedenke, das Ende ist es nicht.
Wenn zerplatzt sind alle Träume
und du weißt nicht, was vor sich geht
dann bedenke, das Ende ist es nicht.
Nicht das Ende, nicht das Ende,
dann bedenke, das Ende ist es nicht.

3.
Wenn dunkle Wolken dicht an dicht stehn
und Sturm den Regen peitscht
dann bedenke, das Ende ist es nicht.
Und wenn keiner dich mehr tröstet
und dich in den Armen hält
dann bedenke, das Ende ist es nicht.

---

[11] Nach: Bob Dylan, Death Is Not the End, 1988.

Nicht das Ende, nicht das Ende,
dann bedenke, das Ende ist es nicht.

Der Geist des Lebens weht dort,
wo das Denken niemals stirbt,
und das helle Licht der Heilung
scheint in jede dunkle Zeit.

4.
Wenn die Städte alle brennen,
und die Menschen vor Hass verglühn,
dann bedenke, das Ende ist es nicht.
Wenn Du niemanden mehr findest,
der sich an Gesetze hält,
dann bedenke, das Ende ist es nicht.
Nicht das Ende, nicht das Ende,
dann bedenke, das Ende ist es nicht.

Der Geist des Lebens weht dort,
wo das Denken niemals stirbt,
und das helle Licht der Heilung
scheint in jede dunkle Zeit.